SCHLAFEN

Was gibt es Schöneres, als gut erholt an einem sonnigen Morgen aufzuwachen und dem Tag wohl gerüstet entgegenzublicken? Und wie war das aber noch in Zeiten der Jugend, nach regelmäßig lang durchfeierten Nächten? Ausgeruht? Mitnichten! Aber das musste so sein und war gut so. Gut aber auch, in der Lebensmitte nun die Freiheit zu haben, sich längere und häufigere Schlaf- und Ruheinseln zu suchen, ohne gleich als langweilig oder unternehmungsfaul abgestempelt zu werden. Denn allgemein bekannt ist der wachsende Wert des Schlafes bei zunehmendem Lebensalter gegen Falten, gegen Krankheiten, gegen Missmut. Dürfte also jedem einsichtig sein, dass wir uns diese Freiheit des häufigeren Ruhens mit „ü40" geradezu nehmen *müssen*!

Werden und Sein

In der Lebensmitte ist uns vielleicht schon bewusst geworden, dass Vieles, was wir werden, sind oder sein werden in unserer eigenen Hand liegt. Manchen Wunschtraum haben wir uns schon erfüllen können, manchen haben wir fest im Blick und „auf unserer Liste" für eine baldige Umsetzung – aber manches Bedürfnis, manchen Plan haben wir auch aufgegeben und uns schweren oder leichten Herzens von ihm verabschieden können.

Das Glück der Lebensmitte wird hier spürbar in dem wohligen Bewusstsein, immer noch die Diva oder den Star in uns wecken zu können oder was auch immer uns erweckenswert erscheint. Oder aber vielleicht auch in der zufriedenen Erkenntnis, dass man mittlerweile weiß, weder das eine, das andere noch irgendeine andere Lebensfigur als man bereits ist, werden oder sein zu wollen. Was für eine herrliche Freiheit.

Denken

Von unserer eigenen Betrachtungsweise hängt es ab, ob das Glas halb voll oder halb leer ist. Sagt man immer. Mit „ü40" hat das Leben mitunter schon viele Gelegenheiten bereitgehalten, an denen wir diesen oft *gesagten* Denkspruch in der *tatsächlichen* Lebenspraxis überprüfen konnten. Und hat vielleicht mehr und mehr dazu geführt, zumindest teilweise zu lernen, immer wieder ganz bewusst den Blick auf die schönen Dinge und Möglichkeiten des Lebens zu richten und in der persönlichen Denkweise zu verankern. Ein wunderbarer Nährboden für die Freiheit, sich mit „ü40" ganz bewusst öfter und öfter für die positive Variante im Denken zu entscheiden.

Bewegen

Die Zeit des Salto-Schlagens geht vielleicht nun langsam vorbei. Oft tritt mit „ü40" mehr Sinnlichkeit in die eigene Bewegung. Das Spüren im Bewegen kann lustvoll und entdeckungsreich sein. Wie gut sich z.B. das Schwimmen im See anfühlt, wenn man so dahin gleitet. Oder das herrliche Gefühl, bei einer schnelleren Bewegung den Atem herauszufordern, aber trotzdem genügend Luft zu haben, dass es Spaß macht. Und mit welch gutem Gefühl ist es verbunden, in der Lebensmitte noch eine ganz neue Bewegung zu entdecken. Eine Tanzform vielleicht? Oder Yoga-Übungen, die man nur für sich macht, weil sie gut tun und es ein schönes Bewegen ist? Freiheit pur.

LIEBEN

Man weiß in der Lebensmitte ziemlich genau, was und wen man liebt und wer die Menschen sind, die uns lieben, die sich über viele Jahre nun als echte Freunde und Geliebte bewährt haben. Aber oft auch ebenso gut, an wen man seine Liebe nicht mehr hängen oder gar verschwenden möchte, von wem man sich also lieber „gernhaben" lässt. Vielleicht kommt manchmal Wehmut auf beim Gedanken an dieses überschwängliche Verliebtsein in der Jugend, dieses flirrende Gefühl ohne rationale Bremse. Aber es kann sein, dass man diesem Gefühl auch in der Lebensmitte erstmals oder wieder begegnet. Und wenn nicht – oft ist dieser Schmetterling des Verliebtseins lange schon in eine tiefe, verlässliche Liebe übergegangen, die das Wunder vollbringt zu tragen, zu umfangen und gleichzeitig frei zu machen.

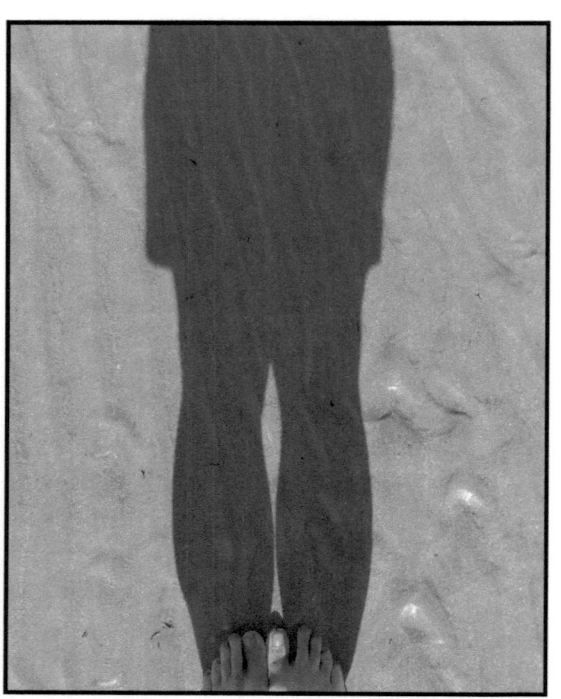

KÜSSEN

Eigentlich küsst man sich mit „ü40" nicht mehr mit aller Leidenschaft mitten auf der Straße, weltvergessen und liebestrunken. Vielleicht aber doch? Vielleicht nur im Urlaub, unter südlicher Sonne, weit weg vom Alltag und aller Normalität? Vielleicht hat man in der Lebensmitte nun aber auch jemanden gefunden, der auch mit einem zarten Kuss fern der Öffentlichkeit weiß, was man sagen möchte – dass man seine Nähe liebt, dass man niemand anderem näher ist und näher sein möchte. Die Freiheit, dabei weltvergessen und liebestrunken zu sein, bleibt natürlich.

LERNEN

Die Lebensmitte ist das schöne Alter, in dem man bereits viel über sich, das Leben und überhaupt gelernt hat, aber auch noch mitten drin in allem Lernen steht. Sei es im Beruf, der sich in seinen Anforderungen weiterentwickelt und angesichts derer man es spannend findet, sich immer wieder weiterzubilden. Oder in der Freizeit, in der man vielleicht Lust hat, eine neue Sprache zu lernen, um im Urlaubsland im nächsten Jahr das Essen in der Landessprache bestellen zu können. Lernen bringt so vielfältige Erlebnisse und Lernen kann immer wieder Spaß machen. Nehmen wir uns die Freiheit, uns vorzunehmen, dass dies ein Leben lang so bleiben soll!

ENTSPANNEN

Jung genug, dass man mit Anspannung gut zurecht kommt, aber auch schon reif genug, dass man einen legitimen Anspruch auf regelmäßige Entspannung geltend machen kann - das ist die Lebensmitte. Und man weiß genau, was gut tut und die Anspannung abperlen lässt: im Laufe der Zeit war schon viel Gelegenheit, verschiedenste Formen der Entspannung versprechenden Dinge auszuprobieren: Vielfältige Massagen, Meditationen, ruhige Atemübungen, Spaziergänge, Musikklänge, ... Man weiß an sich ganz genau, was besonders gut tut. In der oft bewegten und ausgefüllten Lebensmitte ist hier die Freiheit oft eher eine Herausforderung als Selbstverständlichkeit: Man muss sie sich nehmen und abtauchen, um dann in Ruhe zu entspannen.

*A*RBEITEN

Im glücklichsten Fall liebt man seine Arbeit, seinen Beruf, auch in der Lebensmitte noch so wie am ersten Tag. Oder *wieder* wie am ersten Tag, wenn der gewohnte Arbeitsalltag vielleicht während mehrerer Jahre der Kindererziehung in den Hintergrund gerückt ist. Oder vielleicht hat man sich entschieden, dass die Begleitung der Kinder die eigene Berufung sein soll und geht darin auf. Wie auch immer, die Lebensmitte hat den schönen Vorteil, dass man oft bereits auf „eine ganze Menge Holz", das man gemacht hat, zufrieden zurückblicken kann. Aber sich dann auch beim Blick in die Zukunft das Gefühl der Freiheit einstellt, dass der eigene Beruf oder die eigene Berufung noch viel Herausforderungen zu bieten hat, wenn man Lust darauf hat.

STAUNEN

Hoffentlich ist auch noch die Lebensmitte noch davon geprägt, oft und immer wieder ins Staunen zu kommen über die kleinen und großen Wunder des Lebens, die manchmal ganz unscheinbar am Wegesrand stehen und nur darauf warten, entdeckt und wahrgenommen zu werden. Der Weg zur Freiheit, sich auch unabhängig von materiellen Gütern reich zu fühlen, führt über den Weg, immer wieder staunend das Leben zu betrachten und darin seine unwahrscheinliche natürliche Fülle zu entdecken, die wir nicht zu kaufen brauchen, die uns einfach geschenkt wird.

Essen

Manchmal ist man in der Lebensmitte versucht, das Essen dafür verantwortlich zu machen, dass das Erscheinungsbild des eigenen Körpers nicht mehr so ganz in die Konturen passt, die man sich wünscht. Ungezwungener ist es, sich die Freiheit zu nehmen, Essen erlesen, aber auch einfach zu genießen – was gibt es z.B. feineres als eine Scheibe frisch gebackenen Brotes. Und dann aber auch so frei zu sein, sich auf ein ausgewogenes Maß zu beschränken, weil Freiheit und nicht Zwang die Schwester des Genusses ist. So wird Essen zur echten Freude und zum schönen Erlebnis.

LACHEN

Etwas zu lachen gibt es in allen Lebensphasen. Was Anlass zu lachen ist, darin mögen sich die unterschiedlich alten Menschen vielleicht unterscheiden. Wenn man sich aber aufmerksam umschaut, kann man bei denen, die „ü40" sind, oft eine ganz besonders sympathische Fähigkeit des Lachens entdecken, die sich bei diesen Menschen zeigt: über sich selbst zu lachen. Herrlich. Was für eine Freiheit, gleichsam einen Schritt neben sich selbst zu treten, sich anzusehen und über das eigene Verhalten lachen zu können. Eine Freiheit, die zeigt, dass man sich nicht wichtiger nimmt als man es im Lauf der Welt letztlich ist.

FEIERN

Manche feiern in der Lebensmitte ganz anders als in der Jugend. Zu Geburtstagen waren es vielleicht damals oft rauschende, große Feste mit vielen Leuten, ein munteres Kommen und Gehen, ein großes Hallo. Und dann die Geburtstagsfeiern jenseits der 40 – vielleicht eher ein „Sit-in", eine gutes Essen mit ein paar Freunden, gute Gespräche, schönes Geschirr? Auch hier gilt: Wer den Trubel des Groß-Ereignisses mit „ü40" immer noch mag, warum nicht? Aber die Freiheit des „Mittelalters" besteht darin, dass man sich nicht zu rechtfertigen braucht, wenn einem nicht mehr ganz so nach wildem Feiern zumute ist, sondern vielleicht lieber „klein aber fein" feiert, oder eine Geburtstagsfeier durch eine Geburtstagsreise ersetzt und einfach nicht da ist.

REISEN

Reisen – mit dem Gefühl, dass die Welt immer noch offen steht, gehört zur Lebensmitte. Vielleicht sogar, dass sie weiter offen steht als je zuvor, weil durch die Lebenserfahrung noch einmal ein ganz anderes Interesse an den Menschen, Kulturen und Naturschätzen anderer Länder gewachsen ist. Dies verbunden mit dem großen Vorteil, dass durch das nun schon länger andauernde Berufsleben möglicherweise auch ein Finanzpolster vorhanden ist, das es ermöglicht, die große weite Welt auch tatsächlich zu bereisen. Die ganze Spanne der Reise-Freiheit, die von fröhlich-unkompliziertem Camping bis hin zum wohlversortgen Verwöhn-Aufenthalt im Sternehotel reicht, steht mit „ü40" offen und will gelebt werden.

Und: Mit jeder Reise hat die Freiheit im Denken eine weitere Chance zu wachsen, kann unreflektierte Werturteile über das Andere relativieren oder überwinden.

GRANTELN

Wer sagt, dass man immer gut aufgelegt sein muss? Möglicherweise ist mit „ü40" eine gute Bandbreite verfügbaren Schulungen, Literatur und Ratgeberseiten zu allzeit positivem Denken durchlaufen, verarbeitet, verinnerlicht und - trotzdem kommt man zu dem Schluss, dass es Tage, Zeiten und Phasen des Lebens gibt, an denen die gute Laune nicht hineinpasst, an denen die ewig Positiven nerven und es fast wohl tut, dem eigenen „Grant", wie der Bayer seinen Unmut gerne nennt, seinen Raum zu geben. Man glaubt jemandem mit „ü40", dass er sich viel mit allen Varianten positiven Denkens auseinandergesetzt hat – und wenn er sich in Kenntnis all dessen trotzdem die Freiheit auf „Grantel-Zeiten" nehmen möchte, wer kann es ihm verwehren? Ist doch schön, oder?

On-/Offline sein

Wer aufmerksam durchs gewöhnliche Alltagsleben in unseren Breiten geht, gewinnt den Eindruck, dass für Angehörige der Groß-Gruppe „unter40" die ernsthafte Gefahr des Weltuntergangs besteht, sollte ihnen ihr Notebook, Pad, Smartphone und vergleichbare digitalen Freunde weggenommen werden. Der Personenkreis „ü40" holt zwar zügig in seiner digitalen Affinität auf. Und doch: Das befreiende Gefühl, in den zurückliegenden 4 Jahrzehnten schon mit soviel Personen kommuniziert zu haben soviel nachgeschlagen und gelernt zu haben und eine gute Zahl echter Freunde aus Fleisch und Blut gewonnen zu haben, macht es dann auch wieder leicht, hin und wieder auf offline zu schalten, sich herauszunehmen und den Rückzug zu genießen. Frei genug, dann aber auch gerne wieder einmal auf online zu gehen, um mit Freunden am anderen Ende der Welt mal eben zu skypen. Herrlich.

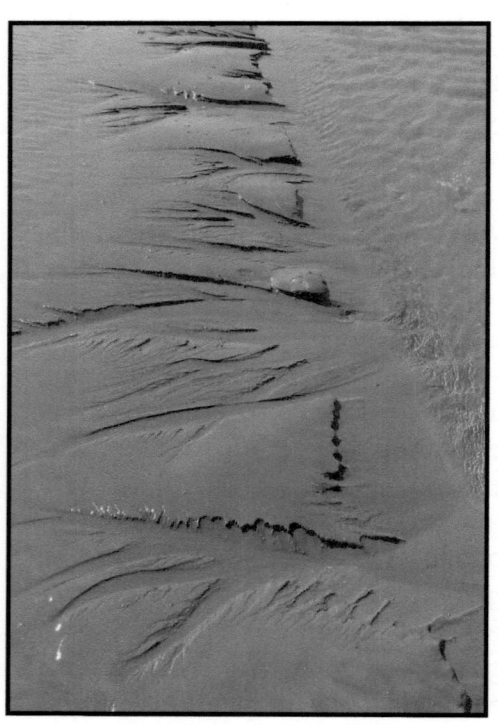

SCHREIBEN

Die Zeit, in der Briefwechsel und Postkartenversand noch sehr üblich waren, kennen diejenigen, die nun in der Lebensmitte stehen, noch gut. Dies nostalgisch hin und wieder zu tun, schöne Karten dazu auszusuchen oder feines Briefpapier dafür zu verwenden macht Spaß! Niemals kann eine Email so schön daherkommen. Und nicht nur das Äußere, auch das Innere einer Post vermögen wir mit „ü40" gut zu gestalten. Was haben wir nicht schon alles erlebt, über das es zu schreiben lohnt? Z.B. die vielen Freiheiten, die wir in der Lebensmitte mehr und mehr in unser Leben kommen sehen...

GLÄNZEN

... mit einer Jahrzehnte gepflegten Haut, auf der kleine Lachfältchen um die Augen und sonst wo keinen Menschen stören,

... mit beneidenswerter Stilsicherheit, gut entwickeltem Geschmack und feinem Sinne für alle schönen Dinge auf der Welt, von dem wir einfach wissen, dass es sie gibt,

... also einfach mit dem freien Flair der Erfahrenen, aber auch dem Schwung der vollen Vitalität.

BESINNEN

Trotz allen Gefühls, noch mittendrin zu sein, voll im Leben zu stehen, kommt mit „ü40" manchmal eine Ahnung hoch, die die Begrenztheit allen Seins und Lebens spürbar macht. Noch macht alles Spaß, noch geht alles ziemlich leicht oder zumindest geübt von der Hand, noch scheint alles Endgültige weit entfernt. Und doch... Die Freiheit besteht darin, sich von diesen Gedanken nicht lähmen oder belasten zu lassen. Wieviel motivierender ist es doch, sich von ihnen ermuntern zu lassen, das Hier und Jetzt, jedes Geschenk des Lebens zu schätzen und zu genießen. Im Bewusstsein aller Endlichkeit die Freude am Gegenwärtigen immer wieder neu entdecken – dieses freie Denken darf uns in der Lebensmitte zu eigen sein.

Danken

Mit „ü40" – wofür? Für mindestens 4 Jahrzehnte, in denen...

... das Leben einen vielleicht zusammengerechnet 2 Jahrzehnte zum Lachen brachte,

... man mit Freunden vielleicht zusammengerechnet 3 Jahrzehnte Gespräche geführt hat,

... vielleicht zusammengerechnet 1 Jahrzehnt Zeit mit gutem Essen ausgefüllt war,

... sich tausend Geschichten aus dem eigenen Leben angesammelt haben, die man erzählen kann und

... man Menschen um sich hat, die diese Geschichten auf hören möchten

...das Leben der Meinung war und ist: Es ist gut, dass wir da sind und uns weitere, vielleicht noch ungeahnte Freiheiten bescheren möchte.

„Kaiser" Franz Beckenbauer würde sagen: „Schau mer mal!".

Herstellung und Verlag:
BoD - Books on Demand, Norderstedt
ISBN 978-3-7386-4600-9